AF440462

REALIDADES

Carolina Salazar

EDIQUID

REALIDADES
© Carolina Salazar
Editado por: Corporación Ígneo S.A.C para su sello editorial Ediquid
Av. Arequipa 185 1380,
Urb. Santa Beatriz. Lima - Perú Primera edición, marzo 2021

ISBN: 978-612-48483-7-7
Impresión bajo demanda
Hecho el Depósito Legal en la Biblioteca Nacional del Perú N° 2021-02930
Se terminó de imprimir en marzo del 2021 en:
ALEPH IMPRESIONES SRL
Jr. Risso Nro. 580
Lince - Lima

www.grupoigneo.com
Correo electrónico: contacto@grupoigneo.com
Facebook: Grupo Ígneo | Twitter: @editorialigneo | Instagram: @grupoigneo

Diseño de portada: Ímpetu Creativo
Diagramación: Dianora Gómez Nessi
Corrección: Alejandra Araujo

Colección: Nuevas Voces

Carolina Salazar Araujo

Nació en el mes de abril en la comunidad de Palenque, distrito de Santa Isabel (Colón).

Es la octava de los diez hijos de Octavio Salazar Moreno (QEPD) y Antonina Araujo Claro (QEPD).

Vivió su infancia y adolescencia en la comunidad de Palenque, en donde fue muy feliz al ser criada en valores y principios.

Realizó sus estudios primarios en la escuela de Palenque, su primer ciclo en el colegio «José Isabel Herrera» (nombre de Dios). Ejecutó su segundo ciclo en el instituto «Rufo A Garay», obteniendo el título de bachiller en ciencias.

Sus estudios universitarios fueron en el Centro Regional Universitario de Colón, recibiendo los títulos de Profesora en Educación Primaria (1998), Licenciada en Ciencias de la Educación con énfasis en Educación Primaria (2004) y Profesora en Educación (2009).

Actualmente, se desempeña como maestra de grado y reside en la ciudad de Colón, Panamá.

CONTENIDO

PALABRAS DE LA AUTORA

Inicié la escritura del libro *Realidades* en el año 2003. Este texto está inspirado en el diario vivir de las personas, en las palabras, frases y actos que se realizan frecuentemente. También tiene como fin fortalecer nuestro amor y compromiso por la patria.

A través de este libro, muchos se verán identificados, porque, como bien dice el libro, son *Realidades*.

DEDICATORIA

Dedico este libro a las fuerzas que mueven mi mundo, mis hijos, Darrell y Josuel.

Gracias a ellos he luchado y conseguido todo lo que me he propuesto en la vida.

Siempre con Dios y mi fe por delante.

Darrell

Eres la inspiración
que tengo para luchar,
fuerza que mueve mi vida,
mi razón, mi motivo de amar.

Camino lleno de metas y esperanzas
has abierto en mi vida.
Eres la luz que me ilumina,
eres tú quien me motiva.

Hijo bello de mi alma,
corazón lleno de bondad,
inocencia desprenden tus ojos.
Dios te bendiga y te dé mucha paz.

Bebé precioso

A Josuel

Cada niño con su sonrisa enternece,
alegra la vida y es motivo de superación.
Cuando se es madre soltera, es más grande la lucha,
es más fuerte el amor.

El rol de padre y madre es difícil,
se comete ensayo y error,
pero, cuando ves en sus ojos tanta ternura, tanta expresión,
le vas de frente a la vida, sin angustias, sin temor.

Todo niño necesita de sus padres protección,
llenarlos con cuidados, bienestar y amor;
procurar que la tristeza no invada su corazón.

La inocencia e imaginación de cada niño,
sus juegos, ocurrencias y travesuras,
hacen de la vida una maravilla,
y de tu mundo, un lugar lleno de aventuras.

Niño hermoso mío,
mi bebé precioso siempre serás;
Dios te dé sabiduría,
salud, dichas y mucha paz.

El regalo más preciado

La vida es el don más grande
que ha podido existir,
pero se piensa que sin dinero
no se puede vivir.

El dinero es un paliativo
que necesitamos para subsistir,
pero es el aire que respiramos
el que nos permite vivir.

La vida es compleja y corta, sí,
y en cuestiones de segundos se va.
Disfrutemos de lo que a nuestro alcance tenemos,
porque, lastimosamente, ya no vuelve más.

Con risas, llantos, tristezas y alegrías,
la gracia de estar vivos es una bendición;
los problemas son parte de ella misma,
que nos hacen perdedor o campeón.

Todo lo natural es gratis,
y con dinero no se puede comprar;
se compran lujos y vanidades,
mas no la dicha de poder respirar.

Vivamos cada día como si fuera el último,
ya que no sabemos cuándo vamos a partir;
no esperemos a tener dinero
para la vida poder vivir.

Fe y poder

De la patria seremos antorcha,
que es sinónimo de luz.
De la patria estaremos vigilantes.
Recuerda que la patria la haces tú.

La patria es el orgullo
de cada ciudadano.
Tener tu fe puesta en los gobiernos,
eso no lo hagas, querido hermano.

No confundas patria con gobierno:
la patria es quien te ve nacer,
el gobierno es quien día a día
la hace caer o crecer.

La patria es tu capacidad y esmero,
los gobiernos solo se quieren enriquecer;
el patriota da su vida por la patria
el gobierno da a la patria por poder.

¡Cómo han luchado muchos
a lo largo de la historia!
Sigamos orgullosos el ejemplo,
y llevemos nuestra patria a la gloria.

Dios bendiga a mi patria
y bendiga al triunfador;
le tenga en el cielo su rinconcito
a ese pobre rico, a ese gran luchador.

El voto

Escucha con atención,
no es un regaño, no es un sermón,
es para ti, que inconscientemente
votas sin pensar, sin razón.

El voto es un arma poderosa
que tiene en su poder cada persona,
sin él no hay hombres ni mujeres ambiciosos;
sin él, antes de actuar, se razona.

Piensa bien antes de votar,
ya no te dejes engañar,
ni gobierno ni oposición,
ya ninguno te va a ayudar.

Si vendes tu voto,
sonríes por el momento;
después de que el político sube,
obtienes lágrimas y lamentos.

Pueblo, piensa
antes de votar
que es tu voto la voz callada
que tienes para luchar.

Todos quieren ser políticos,
todos quieren enriquecer,
todos quieren tu voto
para llegar al poder.

Cuando quieren ir al poder,
se alaban como si estuvieran muertos,
¡démosle la oportunidad,
demostrémosle que es cierto!

Cuando quieren subir,
el pueblo manda;
cuando llegan al poder,
es el pueblo el que paga.

Te abrazan y te besan,
se tienden como alfombra;
cuando todo pasa,
no le ves pero ni la sombra.

Se ponen apodos
para ser más carismáticos,
pero cuando suben
pasan a ser unos diplomáticos.

Están llenos de cualidades
y dispuestos a luchar por ti;
tú a ellos no les interesas,
están por sus intereses, eso sí.

Algunos se han dado cuenta
y saben que esa es la solución,
paga más la política
que cualquier profesión.

Muchos no tienen estudios
ni una preparación;
para la política, dicen algunos,
no se necesita educación.

El político, el de arriba,
tiene un salario jugoso,
¿sabes cómo lo consiguió?
Pues mira, fue con tu voto.

Sin lucha no hay victoria

Suben los precios de los productos,
los empresarios nos tienen azotados.
Y ahora, ¿quién podrá defendernos?
Lástima que no exista, el chapulín colorado.

Si toda nuestra realidad
la vivimos como una fantasía,
nunca pondremos un alto, a los abusos
que sufrimos día a día.

Sufrimos de grandes abusos,
y ya no aguantamos la situación.
¿Seguimos nuestra vida como si nada,
o será que le tememos a la opresión?

Que haya más unión y fuerza,
ya que el empresario se vale de tu debilidad,
eleva los precios y le llama libre oferta y demanda,
porque igual sabe que lo tienes que comprar.

Cuando el pobre crea en el pobre,
esa es una frase muy verdadera,
cuando nos veamos como hermanos
y formemos entre todos una sola cadena,
se acabarán los abusos y la inflación,
porque iremos todos en la misma dirección.

Pan y tormenta

Poderoso caballero
que nos vuelve insensible,
le arrebata el pensamiento
al ser más humilde.

Por él se miente y se traiciona,
se cometen las más grandes injusticias;
acaba con los sentimientos,
domina la vida y la llena de avaricia.

El dinero no es la solución,
ya que tenemos otra salida;
a veces creemos que la plata lo es todo
y nos arruinamos por esa razón la vida.

Se debe ahorrar para un propósito
y guardar para emergencias,
el dinero sí es necesario,
pero no más importante que nuestra existencia.

Día del trabajo

Se conmemora en este día
a toda aquella persona
que, con amor y respeto,
su labor con dedicación toma.

Es el día del trabajo,
y a ti te lo quiero dedicar,
ya que con tu esfuerzo contribuyes
y haces que tu país pueda progresar.

Todo trabajo engrandece,
ya que cada uno es importante;
la entrega de cada trabajador
es quien lo hace interesante.

Pues todo trabajo es digno,
y a cada trabajador se le debe respetar;
no importa el trabajo que realiza,
a todo trabajo se le debe valorar.

No solo es trabajador
quien devenga un salario,
es todo aquel que con esfuerzo
se gana el pan diario.

Conciencia

Actuar mal no es bueno
y no lo puede mandar el corazón,
ya que él es solo un órgano,
y no un radio de transmisión.

Es tu mente el gran universo,
y en ella todo lo puedes lograr;
puedes ser el ángel bueno
o ser el ángel del mal.

No abrigues malos sentimientos,
ya que el corazón solo te sirve para vivir;
piensa y actúa positivamente,
ya que pensar y actuar mal, de nada te va a servir.

Enemigo fiel

¿Por qué buscas consuelo
en quien no te lo va a dar?
Lo buscas sabiendo que te destruye,
sabiendo que te hace mal.

Se hace pasar por tu amigo,
te aferras a él sin darte cuenta;
poco a poco te destruye,
poco a poco se lleva tu fuerza.

Te despoja de todo y te deja en la calle,
se roba tus sueños y esperanzas;
eso lo hace frente a tus ojos
y aun viendo, al abismo te lanzas.

No te mata al instante,
consume toda tu esencia,
te deja sin voluntad,
te deja sin conciencia.

No es una enfermedad mortal,
no es un mal incurable,
son tu autoestima y valores
los que quedan en la calle.

Mírate en el espejo de otros
que, como tú, un día comenzaron;
de la misma manera que tú,
fueron sordos y no escucharon.

Me imagino que ya te cansaste
de escuchar el mismo sermón;
las drogas matan y te destruyen,
prefieres escuchar otra canción.

Muchas son las personas
que te pueden ayudar;
pero es tu fuerza de voluntad
quien, de ese mal, te va a alejar.

Prisioneros del tiempo

Hay días buenos y días malos,
pero siempre se tiene la esperanza
de que cada día sea mejor.
Los días malos son como un día de lluvia,
en el que pocos se pueden desenvolver.
Esos son días buenos para otros,
ya que muchos dependen de él.

Los días buenos son como un día de sol,
en el que muchos nos sentimos contentos,
pero también son días malos para otros,
ya que, para muchos, esos son días de lamentos.
Dejemos que los días sean como son
y como tienen que ser;
un día malo para otros, es el que fue un día bueno para ti.

Empatía

Estamos en los últimos tiempos,
por las señales que vive la humanidad;
pero ni así terminan las guerras,
ni la codicia, ni la maldad.

Las mentiras y traiciones se han hecho costumbre,
la hipocresía es lo más normal,
no hay empatía por el prójimo,
casi se perdió la conciencia al actuar.

Los juicios y críticas se han vuelto implacables,
poco nos interesa razonar.
Dicen que a palabras necias, oídos sordos,
pero bien que el ruido suele molestar.

Al parecer, los dedos son inteligentes,
ya que escriben sin pensar;
hacen comentarios sin sentido y acaban con tu paz.
No importa el mal ni el dolor que causemos,
actuamos indiferentes, como si jamás nada nos fuera a pasar.

Crece a pasos agigantados la infamia.
Actuar mal, indisponer y destruir
se han vuelto el diario vivir.
Valora más la vida y respeta los derechos de los demás,
porque Dios es el único encargado
de venirnos a juzgar.

Lo más extraño

La familia es el lazo más fuerte e importante
que ninguna situación debe romper,
es donde debes encontrar toda la unión y fuerza;
el amor, el apoyo y el respeto deben prevalecer.

En el caminar se conocen personas
que pasan de ser amigos para convertirse en familia;
en ellos encuentras ese confort familiar,
y aunque no lleven la misma sangre,
surge un vínculo muy especial.

En toda familia hay situaciones
que con mucha tristeza se ven,
dentro de ella está tu peor enemigo,
tu peor verdugo, el ser más cruel.

Familiares y parientes que se odian a muerte,
se agreden física y verbalmente; se viven y se sufren las cosas
más insólitas.
Por bienes materiales, se pelean y calumnian,
y suelen perder la vida, sin razón aparente.

Nido de víboras o de ratas le llaman,
el peor enemigo, al lado de ellos, chiquito se ve;
por la maldad e infamia en la que se vive,
hay que cuidarse más de los familiares que de cualquier
extraño, tal vez.

Con insultos y pleitos, se hieren gravemente;
traiciones y engaños de allí suelen salir;
es donde reina la desunión y discordia,
sin importar que por sus venas la misma sangre corra.
Los daños son más fuertes que el afecto que debería existir.

Toxicidad laboral

¿Qué estará pasando con algunas personas?,
parece una situación muy peculiar:
cada vez que en algo subes,
hay quienes te intentan bajar,
impidiendo que tus esfuerzos te permitan avanzar.

Será envidia, celos o maldad,
pero te la quieren poner difícil.
En el entorno o posición que te encuentres,
hay quienes te humillan, sintiéndose superiores,
y hacen la conveniencia tóxica, creyéndose, que tú, mejores.

Muchos se creen jefes o patrones,
dueños de empresas y mandamás,
se montan aires de grandeza
y no toman en cuenta que igual trabajan para alguien más.

Algunos se vuelven lame suelas
para una posición escalar;
tumbando y cortando cabezas,
sin importar la situación que su actuar pueda causar.

Se necesita de un trabajo
para una vida digna y decente llevar,
pero el egoísmo de algunos compañeros
hacen de él un lugar infernal.

Según la posición que la persona ocupa,
se vuelve más inhumana y prepotente;
y otros que, por tener años de antigüedad,
se creen los dueños del lugar,

olvidando que nada de eso lo van a heredar.

Sin importar que fuiste fiel y serviste,
fallas y sin contemplación te botan;
es donde te das cuenta de que de nada sirvió
joder al compañero, que al igual que tú, sudaba gota a gota.

Una compañía, empresa o institución
no necesita de ningún cepillo, sapo o lambón;
todas tienen un fin, visión y misión.
Se debe trabajar en equipo,
sin causar problemas, estrés o tensión.

Bien puedes cuidar de los intereses del propietario,
siendo sencillo, humilde y capaz;
no dejes que los sumos se te suban a la cabeza,
olvidando que, al igual que otros, vas a trabajar.

Enfermedad moral

Se ha vuelto el cáncer de la sociedad,
cada gobierno que llega lo hace con más descaro;
las leyes de la constitución siguen dormidas
para ellos seguir con el despilfarro.

Antes se hablaba de miles,
ahora se roba por millones;
mientras salud y educación
siguen con atrasos sin razones.

Las leyes solo se aplican
para del pueblo abusar;
tendremos que ser los encargados
de erradicar esta enfermedad,
porque las deudas adquiridas
serán para la eternidad.

Nuestros hijos y nietos no tendrán futuro,
si a esta situación, pronto no ponemos un alto.
Si seguimos ignorando lo que a nuestro alrededor está pasando,
seremos los responsables de que sus descendencias continúen
con sus legados,
y nosotros, como siempre, de los recursos alejados.

Un país con corrupción y sin educación no avanza,
se queda sumergido en la pobreza;
mientras ellos viven como reyes,
otros vivimos de migajas y tristeza.

Se van como vienen los recursos del estado,
y ellos, por ambición, se quedan con las riquezas,

para llenar sus arcas personales
y hacer de cada nación su dominio, su pertenencia.
Eso logra la corrupción, la avaricia y la indecencia.

El pueblo sumiso y callado,
pocos nos atrevemos a luchar,
porque a cada gobierno le conviene
que sigamos en la ignorancia, sin estudiar, sin progresar.

Niño que lloras hambre

Niño que lloras hambre,
déjame tu pena consolar,
que no tengo nada para darte,
esperemos a que llegue papá.

Niño que lloras hambre,
ni siquiera tengo un poco de té,
toma agua con azúcar,
que aguante tu hambre, que calme tu sed.

Niño que lloras hambre,
tu mirada me hace estremecer;
expresas, a través del llanto, tus carencias.
Me siento dolida, no sé qué hacer.

Niño que lloras hambre,
de pena lloro también,
al querer darte un pedazo de pan duro,
el cual no tengo y no sé por qué.

Ya llego papá,
no llores, vamos ya.
¿Traerá para aplacar tu hambre?,
o sus manos vacías, como siempre, traerá.

Niño que lloras hambre,
partes mi alma al verte llorar.

La promesa

Madre, ya no sufras más,
que lloro más de pena que de hambre,
al verte desesperada por mi llanto.
Me siento triste, quisiera ayudarte.

Cuando llegue papá,
recibámoslo con mucha alegría,
que se sienta tranquilo y feliz,
aunque traiga las manos vacías.

Te prometo darte, madre,
mucha paz y armonía,
con amor escucharé tus consejos
y los seguiré día a día.

En la adolescencia y en la madurez
no olvidaré mis promesas,
porque has sembrado la mejor semilla,
que no fueron los lujos ni las riquezas.

Valores y principios
son las mejores armas,
que tendré para luchar.
No quiero verte triste, ya no llores más.

Cuando crezca, estaremos rodeados
de piedras y diamantes,
dentro de nuestra humilde casita,
la más bonita, la más brillante.

El amor

Dicen que es lo más maravilloso,
¡Ay, de quien ha conocido el amor!
Puede decir eso,
porque sin dudas ha conocido el dolor.

No es algo visible,
pero sí un sentimiento especial;
se le ofrece a quien lo conquista,
y se le quita a quien no lo sabe valorar.

El amor sí es necesario,
es la gran cura para la sociedad;
te llena de sueños y esperanzas,
te ilusiona y te permite volar.

El amor puro es sincero y transparente,
ya que no lastima, engaña, ni miente.
Son las personas las que hacen el mal,
y no por esa razón debes dejar de intentar,
y al amor debes dejar de culpar.

Amor y pasión

No confundas amor con pasión.
El amor es sacrificio y entrega,
la pasión es sexo y condena.

Los besos y caricias son candentes,
eso pasa con la pasión;
sufres el dolor del ser amado,
eso pasa con el amor.

Cuando amas de verdad,
no piensas y esperas con calma;
cuando te atormenta la pasión,
solo piensas en irte a la cama.

Si no logras diferenciar
entre amor y pasión,
al menos juega vivo
y toma precaución.

Ya no es lo mismo

Cuando se acaba el amor,
cuando termina todo,
te consume el dolor.
Duele tanto el momento,
sientes que tu mundo se derrumbó;
se nos va con esa persona la vida,
se nos va también el amor,
no se cree ni se piensa en nada,
solamente en la pasión.

Cuando todo pasa y te tranquilizas,
y ya no piensas con el corazón,
ves las cosas de otra manera
y todo queda como un mal sueño
del que se despertó.
Con el tiempo, lo ves como si nada,
ni siquiera se le guarda rencor.

Te das una oportunidad
e intentas la reconciliación;
las caricias no son las mismas
y los besos ya no tienen sabor.
Eso pasa cuando termina todo,
cuando se acaba el amor.

Llanto en mi alma

Entre la tristeza y la decepción,
están acabando con mi alma;
No sé qué más dar, si lo he dado todo,
y no he recibido nunca nada.

¡Ay, de quien me pudiera amar!,
y valorarme por lo que llevo dentro,
que no me utilizara, por favor,
si lo que vale es lo que yo ofrezco.

Amar de nada me ha servido,
hasta ahora nadie me ha correspondido;
he decidido matar mi corazón
y dormir a todos mis sentidos.

Ya no quiero sufrir más,
ya no quiero guardar esperanzas,
sé que no habrá quien me ame,
y la verdad es que ya no me hace falta.

Solo en Dios se encuentra el verdadero amor.

A Elida

Una madre es lo más importante en la vida,
pero todo tiene su etapa.
Cuando una mujer pasa los treinta,
ya debe tener marido, hijos y hasta su casa.

Después de que el tren te deja,
no estás en condiciones de exigir,
agarras lo primero que te llega.
Recuerda que, juventud, ya no estás aquí.

Pobre de la que sin razones
se niega a una vida cultivar;
después se andará preguntando:
¡Qué motivos me hicieron renegar!

Si ya pasas los treinta,
y se te empiezan a notar,
no sigas inventando excusas,
que el tiempo no sabe esperar.

Si ya probaste y no te gustó,
vendrán muchas decepciones,
al menos considera tener hijos,
que ellos te traerán muchas bendiciones.

Madre adolescente

Ser niña es una etapa
de la que tienes que disfrutar,
porque cuando la niñez pasa,
con ansias a ella quieres regresar.

No corras a buscar algo
que tarde o temprano llega;
el sexo temprano y sin precaución
a un gran cambio, sin dudas, te lleva.

Un embarazo precoz
es algo que se puede evitar;
vive tu niñez intensamente
y lo demás debe saber esperar.

Ser madre es un compromiso
que bien tienes que asumir;
queda atrás la inocencia
queda atrás un gran vivir.

Ya dejas de ser niña,
aunque lo contrario diga tu edad;
llevas en tu vientre una vida
y esa es una gran responsabilidad.

Un embarazo es motivo
de amor y felicidad;
toda criatura merece una familia
donde haya valores, amor y mucha paz.

Un ser especial

¿Quién, con solo pensarla, no se estremece
y busca en su cuerpo ese calor?
Para ella nunca se crece
y no disminuye por ti ese amor.

Es el ser más increíble,
es una fuerza celestial.
Dios la creó perfecta,
como a la cristalina agua de un manantial.

Por nombre le puso mamá,
y la colmó de muchas bendiciones.
Llenó su cuerpo de amor
y te lo entregó sin ponerte condiciones.

Quien la tiene viva, que la ame:
quien no la conoce, que la bendiga;
quien la tiene muerta, que la recuerde.
Más que una madre, es toda la vida.

Amor de madre

Llena de amor y sacrificios,
por ti la vida daría;
si se lo pidieran,
ella por ti moriría.

Así es el amor maternal,
que tan indispensable es,
ya que ningún ser humano
puede vivir sin él.

Su amor es como el agua,
indispensable para la vida,
es quien ilumina tu mundo,
¡ay, madre, que Dios te bendiga!

Mi mamá

Cuando lloro es porque te necesito,
cuando rio es porque pienso en ti;
siento tu calor y tranquilo me duermo,
y al despertar, te veo y soy feliz.

Mamita, eres todo mi mundo
y mi felicidad
Tus brazos son mi refugio,
mamita, mi querida mamá.

Padre

¡Qué tan importante figura
representas en la vida!
Tan necesaria es tu presencia y amor
para todo aquel que con respeto te mira.

Para quien no es importante
la figura paternal,
él representa el esfuerzo.
Es la base principal de todo hogar.

Los valores

Es un vestido elegante,
su tela es el más fino material,
infunde admiración y respeto;
elegancia y prestigios sabe proyectar.

Su valor no es material,
su procedencia no se sabe explicar,
es la esencia misma de cada persona.
Quien lo lleva, se sabe destacar.

Sin respeto no hay paz,
sin paz no hay vida,
sin vida no hay personas,
sin personas no hay valores,
sin valores no hay un mundo feliz.

Viaje a través de la Imaginación

Te mostraré, en un breve recorrido,
a mi tierra, Panamá;
te mostraré lugares
que no olvidarás jamás.

Iniciemos por el canal,
que es una obra sin igual,
maravilla de la ingeniería mundial,
sin duda te va a encantar.

Seguimos con las ruinas
de Panamá, La Vieja y Portobelo;
sus vistas, encantadoras y placenteras,
llenas de historias y recuerdos.

Vayamos a la zona libre,
importante zona comercial;
y no olvidemos los puentes
que están sobre el canal.

Las playas y ríos son un atractivo
que bien te va a encantar;
sus cálidas y cristalinas aguas,
chorros, pozos termales, también vas a encontrar.

Y ¡qué te digo de las costas,
con sus islas de ensueños tropical!
Los lugares del interior,
en cada uno, una historia que contar.

Demos un breve paseo por el casco de la ciudad,
recorramos el Cerro Ancón y la Bahía de Panamá,
los paisajes y vistas del Atlántico,
brisa suave, sol y mar.

Precursores del regué,
artistas destacados y famosos,
grandes leyendas del deporte,
y la pollera, el traje típico lujoso.

Panamá, país entre dos océanos,
con una posición geográfica digna de admirar,
en el cual, el mismo día, se puede mirar en el Pacífico el
amanecer,
y en el Atlántico el atardecer

Los monumentos de próceres y héroes
en cada lugar encontrarás,
así como a su agradable y alegre gente,
que hacen de este país el mejor lugar.

Veinte de diciembre

Un veinte de diciembre,
en horas de la madrugada ocurrió,
que una gran potencia
con su poder nos aplastó.

Estados Unidos nos invadió
con sus armas y tanques.
Hubo luto y dolor,
muchas muertes y sangre.

El que bien recuerda,
con dolor puede contar,
pues dice la frase del barrio,
está prohibido olvidar.

Aquellos tristes días
quedarán plasmados en la historia,
pues los gritos y miedo
aún se llevan en la memoria.

Su propósito cumplieron,
todo lo devastaron,
vinieron a buscar a uno
y a muchos se llevaron.

Grande eres, Panamá

He tenido un dulce sueño
y me he puesto a pensar,
lo que ha logrado mi gente,
a la que he visto luchar y triunfar.

Tierra que se vio un día
libre y soberana,
que luchó, incansable,
y que no se detuvo ante nada.

Grandiosa eres, Panamá,
por los logros alcanzados;
te has caído, tierra mía,
y con dignidad te has levantado.

Siempre grande, siempre altiva,
así eres, mi Panamá.
Con orgullo flameas tu bandera,
que es el símbolo de tu libertad.

Tierra mía, tierra tuya y de todos,
quiero siempre verte así brillar,
seguir mis sueños anhelados
y por siempre verte progresar.

Soy panameño

No importa de qué lugar seamos,
ni el número de identidad,
aunque tengamos distintas ideologías,
somos panameños por nacionalidad.

Diez provincias y territorios comarcales,
somos panameños por una sola razón,
idiomas y dialectos diferentes,
vivimos todos bajo una sola nación.

Somos una sola familia,
aunque de colores sea nuestra piel,
todos bajo un mismo territorio,
somos panameños por igualdad, por ley.

A mi patria

Hoy quiero contar la historia
de la patria que me vio nacer,
entre luces y estrellas,
y un bello amanecer.

Una patria que quiso un día
darme una oportunidad;
que luchó, incansable,
por darme libertad.

Hoy me lleno de orgullo
y de mucha felicidad
al decir regocijante
¡viva Panamá!

Mi patria

Te amo a ti, mi patria,
porque eres mía, sí, mía,
y te lo digo con toda mi alegría.

Mía, porque me diste un hogar;
mía, porque quiero por ti luchar;
mía, porque no me imagino lejos de ti.
Patria, tú me has dado mucha felicidad.

Patria mía, patria amada,
yo la vida doy por ti.
Eres grande entre lo grande,
mi amor por ti no tiene fin.

Cuando yo en ti pienso,
lo hago con mucho fervor,
te tengo siempre presente
y siempre te llevo en el corazón.

Cada meta que me propongo
la hago pensando en ti;
eres un gran ejemplo,
eres camino a seguir.

Mi nombre es Panamá

Panamá, crisol de razas,
puente entre dos océanos,
inspiración de Dios,
amor y paz en ti encontramos.

Tus bellas mariposas,
los pájaros con sus cantares,
eres un destello de luz,
no hay quien se te compare.

En lo altos de la gloria
se asemeja un resplandor,
¡miren! Es mi Panamá, luciendo
todo su esplendor.

Mi bandera

Alimento mi espíritu
y alegro mi corazón
cada vez que veo a mi bandera
lucirse en su máxima expresión.

Mis ojos se llenan de alegría
y mi alma salta de la emoción
cada vez que veo a mi bandera
lucirse en su máxima expresión.

Mi vida se llena de metas y esperanzas,
mi cuerpo vibra y se colma de felicidad,
porque es mi bandera la más hermosa,
como yo, es mi bandera de Panamá.

Panamá, lúcete
en tu máxima expresión.
Cada vez que se eleva mi bandera
elevo con ella mi corazón.

Tierra bendita

Panamá, hoy te regocijas
y te llenas de orgullo al celebrar
un siglo de república
y ante ti mis sentimientos quiero expresar.

Mis queridas provincias,
que años tras años se unen a esta celebración,
quiero saludarlas en estas fechas
y ofrecerles mi admiración.

Mis amadas provincias,
que bendecidas por Dios están,
las llevo siempre en el alma,
como a mi lindo Panamá.

El patriota

¡Qué dolor siento en mi alma,
tristeza y un gran pesar,
de ver cómo se va perdiendo
tan importante fecha inmortal!

La gente se amontona
a ver a los demás desfilar,
según ellos, esas son celebraciones.
¡Qué tristeza, qué gran pesar!

No saben qué se celebra,
solo les interesa malgastar,
hacer alardes de sus vestidos
y, como si fueran de palo, se paran a observar.

Después todo se olvida,
no hay cabida para más;
entre gastos y lamentos,
le abren el paso a la navidad.

Patria no es un solo día,
es todo el mes de noviembre.
Celebremos las festividades,
que ya después vendrá diciembre.

Desde noviembre decoran
con luces y guirnaldas,
terminemos de celebrar las fiestas,
y lo demás tomémoslo con calma.

Colón por siempre

Un veintisiete de febrero,
en la costa atlántica fuiste fundada,
con grandes sueños y esperanzas,
en el corazón de todos fuiste aceptada.

Hermosa perla del caribe,
Dios llena tus calles con su esencia;
día con día te bendice,
y en cada lugar está su presencia.

Colón, provincia de sueños y encantos,
eres merecedora de mucha prosperidad.
Te ilumina con amor la luz divina,
con esfuerzos y trabajos, dignamente progresarás.

Tierra de riquezas y tradiciones,
historia en tu seno se vio nacer,
llevas en tu sangre ese espíritu de lucha
que te ha hecho grande, te ha hecho creer.

Eres mi raíz y orgullo,
quiero demostrar que soy colonense,
quiero ser el espejo donde te reflejes,
quiero ser la paz que tanto mereces.

A Colón

Sin duda, Panamá tiene
al más bello paraíso,
entre las diez provincias,
en Colón Dios lo hizo.

Las más hermosas playas
y los ríos más caudales,
hacen de los lugares de Colón
los paraísos terrenales.

Tiene dos bellas costas,
costa arriba y costa abajo.
Arriba está la belleza y el sabor,
abajo está el esfuerzo y el trabajo.

Es Colón la sucursal del cielo
y el más envidiable lugar,
está bien provisto de todo,
además de una importante zona comercial.

El Colón de ayer

Colón, mi querido Colón,
¡tiempos aquellos!, me cuenta papá,
fuiste la tacita de oro,
esa época que ya no volverá.

Mi querido Colón,
lleno de gracia y fortuna,
esa maravillosa ciudad
no se comparaba con ninguna.

Quien sus calles caminaba,
lo hacía sin ningún temor,
pues esa era la ciudad de todos,
era la ciudad de Colón.

Cambian las personas,
no cambia la cultura.
Colón sigue siendo el mismo,
rescatemos su gracia y su fortuna.

La solicitud

Se requiere mano de obra colonense,
dispuestos a trabajar las veinticuatro horas;
buen salario, más comisión.
Interesados, favor prestar atención.

Se solicita gente honrada y responsable
dispuesta a cambiar la imagen de Colón.
¿Crees tú poder aplicar?
Se requiere poca condición.

Solo aplican las cédulas tres,
los verdaderos colonenses,
que adonde van se distinguen
por ser honrados y decentes.

¿Quién dijo que por ser colonense
eres diferente a los demás,
que eres la oveja negra de la patria,
que el lugar que pisas, lo sueles manchar?

Pues eres orgullo de tu patria,
lúcete vayas donde vayas,
muéstrate siempre cortés,
colonense que lucha, colonense que gana.

Recuerda, eres colonense
y por tal eres lo mejor;
lucha por el cambio,
tu imagen es la mejor razón.

Cuando estés lejos de tu tierra,
sé tú el motivo de admiración,
porque eres el mejor ejemplo:
eres colonense, colonense de corazón.

El inicio

¡Cómo llegan, felices y contentos!
Como rayos de sol, iluminan todo
a su alrededor; algunos ríen,
otros cantan y los muy tímidos
se ponen a llorar.

Comienza el año escolar,
con proyectos y metas lo vamos a iniciar.
Dios ilumine a mi maestra,
que con dulzura, nos sepa bien guiar.

¿Quién será ese ángel?
Que por nombre tiene maestra,
que me enseñará cosas nuevas,
que me llevará hasta la meta.

Solidaridad

No hay país más unido
que el de mi Panamá,
su nombre ante el cielo
es de solidaridad.

Mis hermanos son unidos
y se saben apoyar,
el dolor de cada uno
es también el de los demás.

Panamá es un pueblo solidario
y Dios lo mira con amor,
porque para él lo más importante
es que nos amemos, como él lo mandó.

Himno de motivación al estudiante

A luchar, estudiantes, a luchar
por un futuro y un gran bienestar,
recuerda que el estudio es lo único
que tenemos para bien triunfar (bis).

Si flaqueamos, no miremos hacia atrás,
sigamos siempre hacia delante
y aprovechemos la oportunidad,
que no hay mejor inversión que el estudiar.

Recordemos, recordemos que el estudio
nos hace fuertes y nos permite progresar,
nos aleja de los vicios, la vagancia y la maldad,
rescatemos los valores, vamos a estudiar.

Coro:
Sin racismo ni imparcialidad,
todos juntos, como hermanos, debemos luchar,
porque somos uno solo
y como hermanos nos hemos de amar.

Adelante, compañeros,
es la hora del triunfo buscar,
pues caminando se llega a la escuela
y estudiando se puede alcanzar.

Promesa al águila arpía

Los ciudadanos panameños
prometemos cuidar y velar
por la seguridad del águila arpía,
nuestra bella y majestuosa ave nacional.

Saludo al águila arpía

Alcemos nuestras manos
y vamos a saludar
a nuestro amado símbolo,
a nuestra ave nacional.

Al águila arpía

¡Oh, águila arpía,
que entre lo alto de un árbol moras!
Divina creación de Dios,
tu majestuosa figura es encantadora.

En algunos lugares
estás en peligro de extinción,
afortunada panameña,
porque eres símbolo de mi nación.

Cuando escucho hablar de ti,
lo hago con mucha atención,
porque antes no te conocía,
y ahora te llevo dentro del corazón.

Ejemplo digno a seguir
por tu amor y fidelidad,
maravillosa eres como madre.
Velar por ti, esa es mi verdad.

¡Vaya deforestación,
que está acabando con tu especie!
Ignorante cacería inhumana,
pero, gracias a Dios, ya hay quien por ti vele.

Reflexión

Estudio para ser una persona de bien,
ser alguien importante en la vida,
ser un profesional con éxitos, tener un buen salario
que me dé todas las comodidades
con las cuales siempre he soñado.

Pero dime, ¿qué le ofreces a la patria,
si piensas en tu propio beneficio?
Eres tú quien te das las oportunidades en la vida,
pero es la patria la que te fortalece y contribuye
para que tus sueños puedas realizar.

Primero piensa en la patria,
y después piensa en ti,
tú necesitas de ella,
así como ella de ti.

Si tus estudios y trabajos
se los dedicaras a la patria,
tendríamos un país progresivo,
sin carencias ni pobrezas,
con igualdad de oportunidades.
Si todos miráramos para la misma dirección,
tendríamos un mejor país.

NUEVAS VOCES (POESÍA)